Podría Ser
Un Pájaro

por Allan Fowler

**Fotografías proporcionadas por: Fotos VALAN
Versión en español de: Aída E. Marcuse**

Asesores:
Dr. Robert L. Hillerich, Universidad
Estatal de Bowling Green, Bowling Green, Ohio

Mary Nalbandian, Directora de Ciencias de las Escuelas
Públicas de Chicago, Chicago, Illinois

Diseño de la tapa y diagramación de los libros de esta serie:
Sara Shelton

Catalogado en la Biblioteca del Congreso bajo:

Fowler, Allan
    Podría ser un pájaro / por Allan Fowler
      p. cm.—(Mis primeros libros de ciencia)
    Resumen: Describe las características de los pájaros y ofrece
ejemplos específicos, tales como: el pingüino, el avestruz,
el pavo real y el pelícano.
    ISBN 0-516-34901-5
    1. Pájaros—Literatura juvenil. [1. Pájaros.] I. Título.
II. Series.
    QL676.2.F68   1990   90-2206
598-dc20   CIP
                                                AC

¿Cómo sabes que es un pájaro?

Si tiene plumas

y alas

y vuela

y pone huevos,
¡es un pájaro!

Y...¿qué es si no vuela?
También podría ser
un pájaro

como el pingüino.

¿Y qué es, si es tan chiquito
como tu dedo?
También podría ser un pájaro

como el colibrí.

¿Y qué es, si es más grande que yo? También podría ser un pájaro

como el avestruz.

Un pájaro puede ser tan
sencillo como el gorrión

o tan vistoso como el pavo real.

Un pájaro puede tener
la gracia de un cisne

o ser tan cómico
como el pelícano.

Un pájaro puede ser
tan rojo como el cardenal

o tan azul como el arrendajo.

Un pájaro puede ser
de muchos colores,
como el guacamayo.

Un pájaro puede vivir
en un árbol,
cerca de tu casa,

o en los bosques,

en una granja,

o en el zoológico.

Y aún así sería un pájaro.

Pero aún si vuela
y pone huevos,
si no tiene

PLUMAS

¡no es un pájaro!

Todos los pájaros tienen
plumas.

Palabras Que Conoces

pingüino

colibrí

avestruz

gorrión

pavo real

cisne

pelícano

cardenal

arrendajo

guacamayo

Índice Alfabético

Acerca del autor:

Allan Fowler es un escritor independiente, graduado en publicidad. Nació en New York, vive en Chicago y le encanta viajar.

Fotografías:

Valan—Robert C. Simpson, Tapa, 18, 23, 29, 31 (centro izquierda); Wayne Lankinen, 4, 5, 11, 19, 30 (arriba derecha), 31 (centro derecha); Harold V. Green, 6; Michel Quintin, 7; Fred Bruemmer, 9, 30 (arriba izquierda); B. Lyon, 13, 30 (centro izquierda); Y. R. Tymstra, 14, 30 (centro derecha); J. A. Wilkinson, 15, 30 (abajo); K. Ghani, 16, 31 (arriba izquierda); R. Berchin, 17, 31 (arriba derecha); Herman H. Giethoorn, 20, 31 (abajo); Esther Schmidt, 24; V. Wilkinson, 25; Marguerite Servais, 26.
TAPA: Cardenal